SUITE ESPAGN

N.º IV. CADIZ. (CANCION)

Edición revisada y digitada por JUAN SALVAT

poco rit.
a tempo
45
poco rit.
a tempo
marcato
rit. molto
a tempo
a tempo
p
p
cresc.
rit.
Ped.

a tempo
mf
cresc.
rit.
una corda
Ped.
rit.
mf
rit.
a tempo
sotto voce.
pp
morendo.
risoluto. marcato il canto.
una corda
pp
sfz
tre corde

a tempo
pp una corda
tre corde
sfz
sempre legato
languendo e rit. molto
Ped.
una corda
sfz tre corde
pp una corda
rit.
a tempo
sfz
marcato
sfz
dolce
mf
rit.
dim.
p
a tempo
rit.
dolcissimo
una corda. rit. molto

sempre dolce
a tempo
mf
marcata
p ma sonoro
Ped.
mf
mf sonoro
f
rit. molto
a tempo
mf
rit. molto
a tempo
mf sempre legato
p
una corda
rit.
a tempo
dolce
p
poco cresc.

cresc.
poco rit.
a tempo
poco rit.
a tempo
marcato
p
rit. molto
a tempo
rit. molto
a tempo
una corda
pp
cresc.
Ped.

cresc.
rit.
mf
Ped.
cresc.
rit.
a tempo
p una corda
rit.
a tempo
rit.
a tempo
p sotto voce
2 pedali
pp morendo
armonioso
pp
rit.
pp
perdendosi
Victor Rodriguez